Date: 6/17/2020

**SP J 359.984 MUR
Murray, Julie
Comando Naval de
Operaciones Especiales**

Comando Naval de Operaciones Especiales de los Estados Unidos

Julie Murray

ABDO

FUERZAS ARMADAS DE LOS ESTADOS UNIDOS

Kids

www.abdopublishing.com

Published by Abdo Kids, a division of ABDO, PO Box 398166, Minneapolis, Minnesota 55439.

Printed in the United States of America, North Mankato, Minnesota.

072014

092014

 THIS BOOK CONTAINS
RECYCLED MATERIALS

Spanish Translators: Maria Reyes-Wrede, Maria Puchol

Photo Credits: AP Images, Getty Images, Shutterstock, Thinkstock, © U.S. Navy p.1, © Official U.S. Navy Imagery / CC-BY-2.0 p. 5, 11, © Journalist 3rd Class Davis J. Anderson p.9, © DVIDSHUB / CC-BY-2.0 p.13, © Senior Chief Mass Communication Specialist Andrew McKaskle p.21

Production Contributors: Teddy Borth, Jennie Forsberg, Grace Hansen

Design Contributors: Candice Keimig, Laura Rask, Dorothy Toth

Library of Congress Control Number: 2014938917

Cataloging-in-Publication Data

Murray, Julie.

[Navy SEALs. Spanish]

Comando Naval de operaciones especiales de los Estados Unidos / Julie Murray.

p. cm. -- (Fuerzas Armadas de los Estados Unidos)

ISBN 978-1-62970-386-2 (lib. bdg.)

Includes bibliographical references and index.

1. United States Navy SEALS--Juvenile literature. 2. United States Navy--Commando troops--Juvenile literature. 3. Special operations (Military science)--Juvenile literature. 4. Special Forces (Military science)--Juvenile literature. 5. Spanish language materials—Juvenile literature. I. Title.

359.9--dc23

2014938917

Contenido

Comando Naval de Operaciones Especiales (Navy SEALs)

Los Navy SEALs son un grupo especial de **militares**. Pertenecen a la Fuerza Naval de los Estados Unidos.

Los Navy SEALs cumplen
misiones secretas en todo
el mundo. Se preparan para
enfrentar cualquier situación.

6

KEEP CLEAR OF CARGO DOORS

SEALs significa que el
equipo opera en el mar,
el aire y la tierra.

Sólo los hombres pueden ser Navy SEALs. Necesitan tener buen sentido de la vista. No pueden ser mayores de 28 años.

El entrenamiento para poder ser un Navy SEAL es difícil. Dura 30 meses.

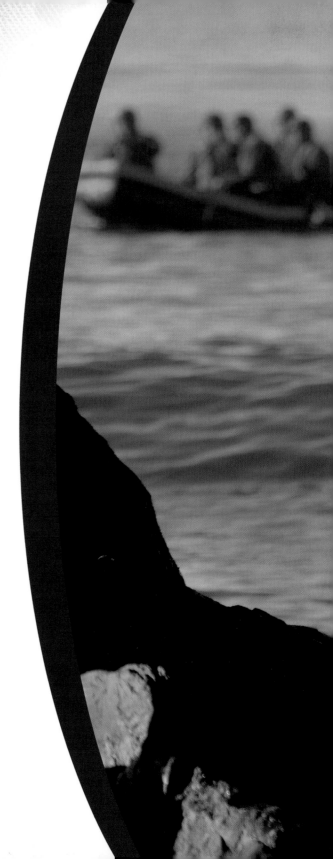

Trabajos

Los Navy SEALs buscan
información sobre los
enemigos. También
atacan objetivos enemigos.

Los Navy SEALs cumplen muchas de sus misiones de noche. Tienen lentes de visión nocturna. Los ayudan a ver en la oscuridad.

16

17

Armas y equipo

Los Navy SEALs usan botes
de caucho que se llaman
zódiacs. También tienen
paracaídas y armas de fuego.

"El único día fácil fue ayer"

¡Los Navy SEALs se encargan diariamente de la seguridad de la gente de los Estados Unidos!

Más datos

- A los Navy SEALs se los entrena especialmente para **ataques** sorpresa.

- Reciben entrenamientos especializados para misiones de mar, tierra y aire.

- El 1% del **personal** de la Fuerza Naval de los Estados Unidos son Navy SEALs.

Glosario

ataque – ofensa sorpresiva, generalmente del ejército.

militares – fuerza armada de un país.

personal – gente empleada por una organización, un negocio o un servicio.

situación – evento o problema en el que uno se encuentra.

zódiac – bote inflable resistente que se usa para las misiones.

Índice

abdokids.com

¡Usa este código para entrar a abdokids.com y tener acceso a juegos, arte, videos y mucho más!

Código Abdo Kids:
UNK0922

24